Mon Incroyable Série Comportementale Pour Les Tout-Petits

Je Garde Mes Mains Pour Moi.
Je Connais Mes LIMITES !

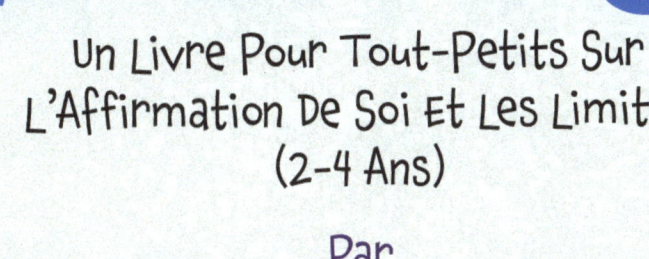

Un Livre Pour Tout-Petits Sur
L'Affirmation De Soi Et Les Limites
(2-4 Ans)

Par
Suzanne T. Christian

TWORAVENS
BOOKS

Two Little Ravens
CHILDREN'S NON-FICTION BOOKS

Édition Broché : 9781968080884
Édition Reliée : 9781968080891
Édition Numérique : 9781968080907

Publié aux États-Unis par Two Ravens Books LLC, 254 Chapman Rd, Ste 209, Newark DE 19702

« Élargir l'esprit, libérer l'imagination, un titre à la fois. »
www.tworavensbooks.com

Bienvenue dans

« Je Garde Mes Mains Pour Moi. Je Connais Mes Limites ! »

Ce livre est une collection amusante et captivante d'affirmations simples, spécialement conçues pour les jeunes enfants. À travers une lecture partagée, votre tout-petit découvrira l'importance de respecter son espace personnel, d'exprimer ses besoins et de comprendre les limites des autres.

Chaque page est illustrée de manière colorée et présente des situations du quotidien qui aident à renforcer les bons comportements. En intégrant ce livre dans votre routine de lecture, vous verrez votre enfant prendre conscience des limites de façon douce et répétée, un élément essentiel de l'apprentissage précoce.

Prêt pour un voyage de découverte de soi, de respect et de plaisir avec votre tout-petit ?

Suzanne T. Christian

Mes mains sont à moi,
et c'est parfait ainsi !

Je fais des high fives, mais je demande d'abord.

Quand j'ai besoin d'espace,
je dis : « Arrête, s'il te plaît ! »

J'adore les câlins, mais je demande d'abord.

Parfois, tout le
monde a besoin
d'un peu d'espace.

Quand j'attends mon tour, je garde les mains le long du corps.

Je dis :
« **Je peux jouer aussi ?** »
avant de rejoindre la fête.

Je saute de joie quand je suis excitée, mais dans mon espace !

Je recule d'un pas
quand un ami a
besoin d'espace.

Mes mains sont faites pour saluer, applaudir et faire des high fives !

Quand je veux m'asseoir près de quelqu'un,
je demande : « **Ça te va ?** »

Partager, c'est amusant, mais je demande toujours d'abord :
« On peut partager ? »

Je peux être proche,
mais pas trop près.
Je connais mes
limites !

Oui !

Quand je demande, parfois j'entends « **oui** », parfois « **non** », et c'est normal !

Quand un ami dit « non », je l'écoute et je lui laisse de l'espace – je suis gentil !

NON !

Arrêter, ça veut dire **STOP** !

Je peux jouer tout en laissant de l'espace – Youpi !

Je suis gentil(le) quand je laisse de l'espace à mes amis !

« S'il te plaît,
ne touche pas ! »
me garde, ainsi que
mes amis, en sécurité !

Je garde mes mains pour moi quand je fais la queue – c'est mon super pouvoir secret !

Je respecte mon espace,
et je respecte aussi le tien !

Je Garde Mes Mains Pour Moi.

Je Connais Mes LIMITES !

Fin !

Mon Incroyable Série Comportementale Pour
Les Tout-Petits

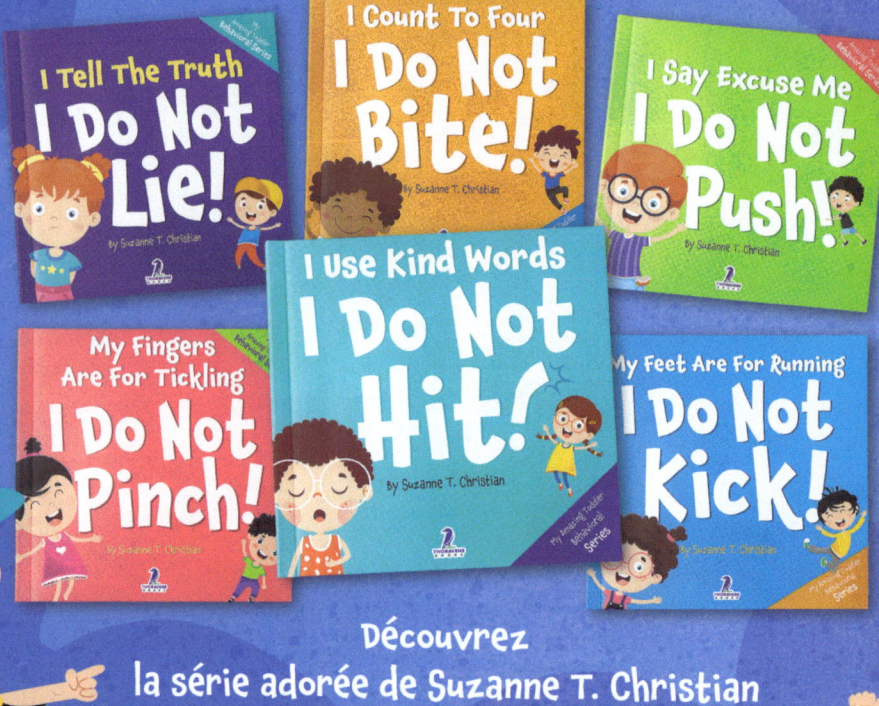

Découvrez
la série adorée de Suzanne T. Christian
« Mon Incroyable Série Comportementale Pour
Les Tout-Petits »
Les jeunes lecteurs vont l'adorer !

Cher·e merveilleux·se lecteur·rice,

Merci d'avoir plongé dans **« Je Garde Mes Mains Pour Moi. Je Connais Mes Limites ! »** Si ce livre a touché votre cœur ou a aidé un petit lecteur à grandir, ce serait un vrai bonheur de lire votre avis. Vos retours m'inspirent pour mes prochaines histoires et aident d'autres familles à découvrir la magie de ce livre.

Si vous avez des idées ou des suggestions pour l'améliorer, n'hésitez pas à m'écrire à l'adresse suivante : suzanne.christian@tworavensbooks.com. Votre voix compte beaucoup pour moi.

Avec toute ma gratitude.